CON GRIN SU CONOCIMIENTOS VALEN MAS

AF151297

- Publicamos su trabajo académico,
  tesis y tesina

- Su propio eBook y libro - en todos
  los comercios importantes del mundo

- Cada venta le sale rentable

Ahora suba en www.GRIN.com
y publique gratis

GRIN

Bibliographic information published by the German National Library:

The German National Library lists this publication in the National Bibliography; detailed bibliographic data are available on the Internet at http://dnb.dnb.de .

Imprint:

Copyright © 2015 GRIN Verlag, Open Publishing GmbH
Print and binding: Books on Demand GmbH, Norderstedt Germany
ISBN: 978-3-668-01641-5

This book at GRIN:

http://www.grin.com/es/e-book/302987/sistema-de-informacion-dolibarr-solucion-open-source-para-pymes

Ricardo Rojas Montero, Jesús Acuña Sandoval, Bernardo Gómez Huertas

Sistema de Información Dolibarr. Solución Open Source para PYMES

GRIN Publishing

GRIN - Your knowledge has value

Since its foundation in 1998, GRIN has specialized in publishing academic texts by students, college teachers and other academics as e-book and printed book. The website www.grin.com is an ideal platform for presenting term papers, final papers, scientific essays, dissertations and specialist books.

Visit us on the internet:

http://www.grin.com/

http://www.facebook.com/grincom

http://www.twitter.com/grin_com

Universidad de Costa Rica

Sede de Occidente

IF3100 - Introducción a los Sistemas de Información.

Acuña Sandoval, Jesús
Gómez Huertas, Bernardo
Rojas Montero, José Ricardo

- 2015 -

- Contenido -

1. Introducción.

Los Sistemas de Información, representan herramientas importantísimas para el desarrollo de las empresas e instituciones, han cambiado la manera en que hoy en día se hacen los negocios y se gestionan las organizaciones y en el proceso han cambiado la sociedad.

Pretendemos con este trabajo realizar el análisis de un Sistema de Información, remarcando para este sus principales características, impacto y utilidad general. Además intentaremos detectar y describir los problemas encontrados en el sistema, para finalmente proponer una serie de mejoras para la implementación y uso del mismo.

La aplicación elegida para el trabajo es Dolibarr, un software libre con funciones de Sistema de Planificación de Recursos Empresariales (ERP) y Gestión de Relaciones con el Cliente (CRM). Este software fue seleccionado entre varias opciones presentadas en el sitio openpyme.osl.ull.es, un proyecto promovido por la Universidad de La Laguna en Tenerife, España. Según sus palabras *"OpenPYME es un catálogo de Software Libre donde se recopilan, de forma categorizada, productos sólidos y fiables que pueden incorporarse en cualquier ámbito productivo de una empresa, mejorando así su gestión y competitividad gracias a la inclusión de herramientas TIC"*.

Una vez descargado el programa, procedimos a instalarlo y ejecutarlo para probar e intentar comprender su funcionamiento lo mejor posible, también dedicamos tiempo a la lectura de la documentación, también dedicamos tiempo a la lectura de la documentación del programa y a buscar información extra en internet.

El presente trabajo es el resultado de esos procesos investigativos y autodidactas.

2. Objetivo general:

Investigar la funcionalidad del Sistema de información de Open Source, Dolibarr (ERP/CRM), mediante la instalación y pruebas a la aplicación para determinar su utilidad estratégica en PYMES.

2.1. Objetivos específicos:

- ✓ Describir las principales funcionalidades del sistema de acuerdo al perfil requerido por una empresa PYMES.
- ✓ Determinar los principales problemas que presenta el sistema.
- ✓ Plantear algunas soluciones y mejoras para optimizar el funcionamiento del sistema.

3. Descripción del sistema:

3.1. Generalidades:

Dolibarr es un software ERP y CRM modular, lo que significa que da la posibilidad de activar únicamente las funciones que se requieran de acuerdo al tamaño y tipo de negocio. Está pensado especialmente para PYMES, profesionales independientes, autoemprendedores y asociaciones.

El programa se ejecuta desde un servidor web, lo que hace que pueda ser accesado desde cualquier parte a través de internet. Según sus desarrolladores la finalidad es que sea *"Sencillo de instalar, sencillo de usar y sencillo de instalar"*. Se encuentra en versiones para Windows, Mac, y GNU/Linux (Debian/Ubuntu, Red Hat, Fedora, OpenSuse, Mandriva y Mageia).

Dolibarr es una solución OpenSource; posee una licencia GPL, esta característica es muy importante ya que hace el software accesible a cualquier persona o empresa con un mínimo de recursos, así mismo esta característica nos brinda a los estudiantes la oportunidad de conocer una manera distinta de hacer negocios, distinta a la que estamos acostumbrados, puesto que existe la posibilidad de vender ofrecer el código y vender los servicios de soporte, configuración, adaptación, implementación, capacitaciones y muchos otros servicios derivados, sin encuadrarse de forma exclusiva en la venta de licencias.

3.2. Arquitectura y demás datos técnicos:

Dolibarr está escrito enteramente en lenguaje PHP, lo que le permite ejecutarse en cualquier navegador web y según su comunidad desarrolladora el 99% de los alojamientos para páginas web también soportan alojar a Dolibarr.

Respecto al sistema de gestión de bases de datos, solamente soporta MySQL y el servidor HTTP Apache.

Los requisitos mínimos para su instalación son, un servidor con una distribución Apache 2.X, MySQL 5.X y PHP 5.2.X. En resumen: un servidor (AMP).

El sistema cuenta con los siguientes instaladores automáticos de acuerdo a su respectivo sistema operativo:

✓ DoliDeb: Para Debian, Ubuntu y otros sistemas basados en Debian.

✓ DoliRpm: Para RedHat, Fedora, OpenSuse, Mandriva y Mageia.

✓ DoliMamp: Para Mac OS X.

✓ DoliWamp: Para Windows.

Respecto a los requisitos de hardware, no fue posible encontrar información, sin embargo en su comunidad se indica que el sistema requiere realmente pocos recursos.

3.3. Módulos del Sistema:

Dolibarr es una software completamente modular, como se indica en la descripción del sistema, lo cual es sin duda uno de sus grandes atractivos, permitiéndole a los usuarios elegir las funciones y utilidades que deseen. La versión evaluada en este trabajo es Dolibarr 3.7.1. La cual cuenta con 28 módulos por defecto, divididos en 8 categorías y una pestaña de utilidades, a la vez estos cuentan con diferentes opciones de configuración. Todo esto sin contar con los módulos complementarios y los módulos de interfaz. Los anteriores vienen incluidos en la instalación básica de Dolibarr 3.7.1.

A continuación se listan los principales módulos, los cuales son completamente opcionales y pueden activarse o desactivarse según las necesidades de la empresa o el usuario:

✓ Catálogo de productos y servicios
✓ Gestión de Stock
✓ Gestión de cuentas bancarias
✓ Gestión de clientes, proveedores y clientes potenciales
✓ Gestión de contactos
✓ Gestión de acciones comerciales
✓ Gestión de pedidos
✓ Gestión de presupuestos con exportación PDF
✓ Gestión de contratos
✓ Gestión de facturación con exportación PDF
✓ Gestión de pagos
✓ Gestión de domiciliaciones bancarias
✓ Gestión de envíos
✓ Soporta NPR IVA (en francés DOM-TOM)
✓ Gestión miembros asociaciones
✓ Gestión de subvenciones
✓ Gestión de vacaciones de empleados o usuarios
✓ Gestión de marcadores
✓ Agenda compartida

✓ Punto de venta/Caja registradora

✓ Realización de encuestas

✓ E-Mailing a clientes, clientes potenciales o usuarios

✓ Seguimiento de márgenes

✓ Puede enviar los eventos Dolibarr directamente a Webcalendar

✓ Informes y estadísticas

✓ Exportación en PDF de todos los elementos (facturas, presupuestos, pedidos, expediciones, etc.)

✓ Importación y exportación (CVS o Excel)

✓ Conectividad LDAP

Además de los módulos principales, existen muchos otros que se pueden adquirir en la web de los desarrolladores y otros sitios no oficiales. La mayoría de los módulos son de descarga libre, sin embargo para algunos es necesario el pago.

4. Entradas/Salidas:

En el siguiente apartado se describirán a "groso modo" las principales entradas y salidas del sistema. Si bien el sistema tiene muchas más entradas y salidas de las que aquí mencionamos, solo se incluyeron las que consideramos más relevantes para el desarrollo del trabajo.

4.1. Principales Entradas:

Debido a su carácter ERP el sistema cuenta con las características de manejar y almacenar la información de negocios relacionados con el comercio de productos y servicios. Además por sus funciones CRM cuenta con los módulos necesarios para manejar la información de la gestión de ventas y de los clientes relacionados con la empresa.

4.1.1. Módulo Terceros:

Permite crear un contacto físico o de tipo jurídico Empresa/Asociación con la información básica más relevante (ver figuras #1 y #2) como nombre, tipo de cliente, ubicación, correo electrónico, teléfono, etc. Esto para facilitar el contacto con los clientes, posibles clientes y proveedores.

Figuras #1 y #2.

4.1.2. Módulo Productos y Servicios:

- **Productos:** Permite introducir las principales características físicas del producto, su descripción y propiedades de comercialización (ver figuras #3 y #4).

Figuras #3 y #4.

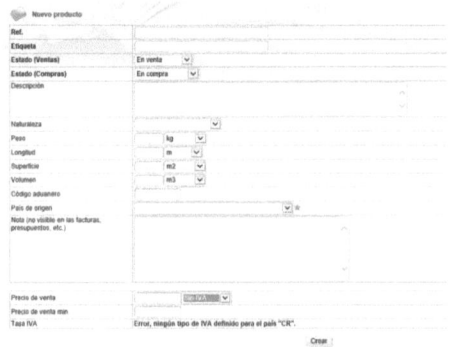

- **Servicios:** Tiene características similares al producto (ver figuras #4 y #5), con la diferencia que este cuenta con un lapso de tiempo definido en el que se proporciona el servicio.

Figura #5.

4.1.3. Módulo Comercial:

- **Pedidos y Presupuestos:** Formularios para los diferentes presupuestos y pedidos de clientes, Pedidos proveedor, Contratos, Intervenciones (ver figuras #6 y #7), todos cuentan con características similares como el nombre de cliente/proveedor, fecha, condiciones de pago, tiempo de entrega, etc.

Figuras #6 y #7.

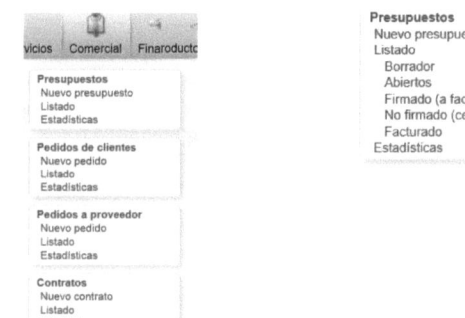
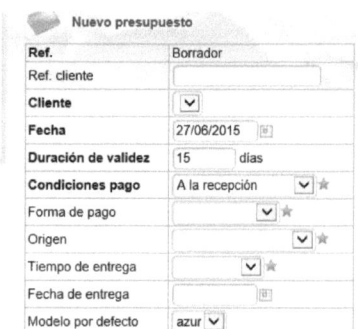

4.1.4. Módulo Financiero:

- **Facturas a clientes y proveedores:** Maneja los formularios de cobros y pagos relacionados con el área de contabilidad/tesorería. La creación de facturas también puede hacerse desde un tercero, o desde el Módulo Comercial.

Figuras #8 y #9.

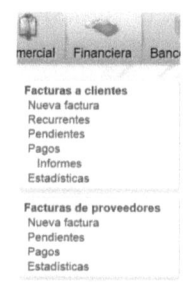

4.1.5. Módulo RRHH:

- **Trámite de vacaciones:** Formulario para definir la cantidad de días, fecha y descripción de los días libres de los empleados.

Figuras #10 y #11.

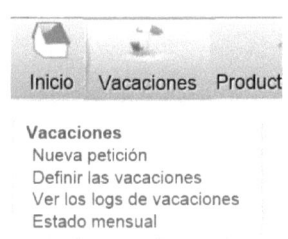
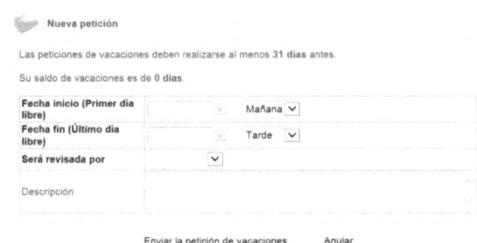

4.2. Principales Salidas:

El sistema da la posibilidad de generar una buena cantidad de datos y reportes, aquí describimos en forma breve los más importantes.

4.2.1. Listas de terceros:

Muestra la lista de clientes, clientes potenciales, proveedores y contactos con sus diferentes características (figura #12).

Figura #12.

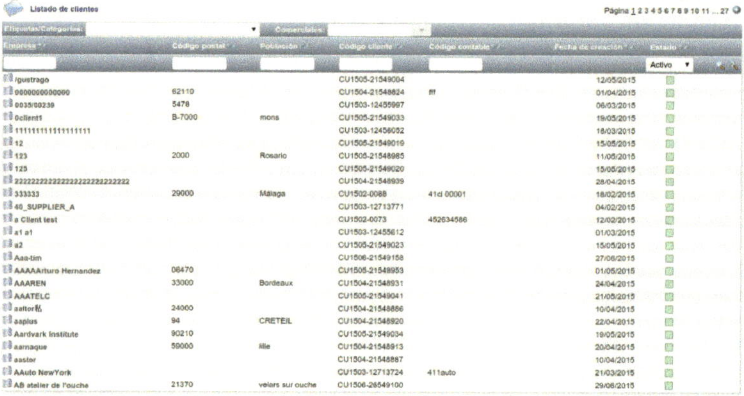

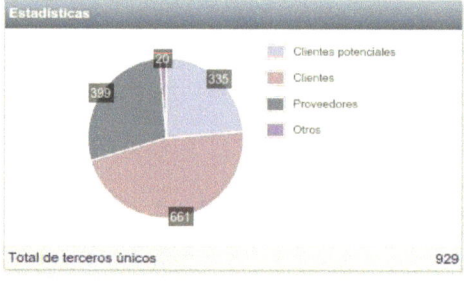

4.2.2. Estadísticas:

El sistema permite ver una serie de estadísticas de clientes activos/inactivos (ver
figura #13), inventario de productos, productos más vendidos, entre otros.

Figura #13.

4.2.3. Facturas, pedidos, borradores y reportes en general:

Utiliza los datos de usuarios, productos y servicios en la base de datos para crear facturas en formato PDF que pueden ser impresas (ver figura #14) o enviadas por correo, además en el módulo TPV se genera el PDF y la factura se imprime automáticamente. Así mismo guarda y permite la generación de documentos con pedidos, facturas proformas, listados de productos, listados de clientes, proveedores, órdenes de pedido a proveedores y de clientes, entre muchos otros.

Figura #14.

4.2.4. Agenda:

El sistema permite llevar y administrar una agenda detallada con vistas por mes, por semana o por día (ver figura #15), además el administrador puede visualizarla por eventos o por usuarios.

Esta opción es muy útil por ejemplo para los vendedores de ruta o los encargados de reparto, sin olvidar a los administradores la agenda va generando las actividades y brindando las alertas requeridas, además de que se puede sincronizar en caso de reuniones o actividades compartidas.

Figura #15

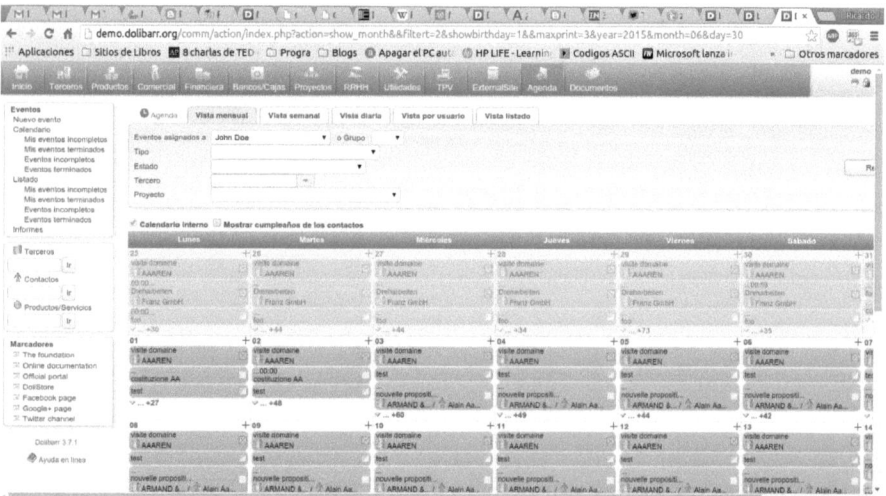

5. Usuarios:

El sistema cuenta con tres tipos de usuarios los cuales brindan diferentes puntos de control y acceso así cada uno está estructurado específicamente dependiendo de la persona que utilice el sistema. Los usuarios son los siguientes:

- ✓ Usuario administrador: También conocido como SuperAdmin este tiene control y acceso a cualquier módulo de la empresa y puede modificarlos, además puede crear usuarios y definir permisos.

- ✓ Usuario Interno: Este tipo solo se le otorga a las personas que trabajan dentro de la compañía y solo tiene acceso para poder realizar consultas a los datos dentro del sistema.

- ✓ Usuario externo: Este se les otorga a los clientes de la compañía, y solo cuentan con acceso a información relevante al mismo.

6. Problemas y Mejoras:

En este apartado se mencionan los problemas que se encontraron en diferentes secciones del sistema Dolibarr, también se hace una descripción de cada problema y se plantea una posible solución.

6.1. Instalación regionalizada:

El sistema Dolibarr tiene un uso bastante extendido, principalmente en países como España, Argentina, México, Colombia y Chile, sin embargo, se puede instalar en cualquier país, una de las bondades que pregona su comunidad es la facilidad de instalación y en efecto así es, el sistema realiza una comprobación del cumplimiento de una serie de pre-requisitos para el funcionamiento adecuado (ver figura #12) y en caso de que falte algún componente el sistema viene provisto de paquetes según la necesidad, por ejemplo configuración e instalación automática de Apache y MySQL.

Figura #12.

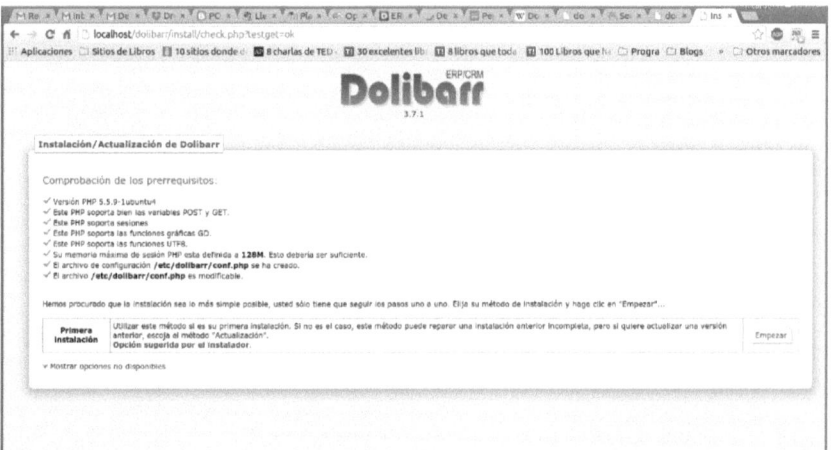

Una vez que se instala el programa viene la etapa de configuración y si bien esta también es fácil, para nuestro país resulta bastante tediosa por la cantidad de detalles que se deben atender.

Es necesario ingresar a la sección de "Diccionarios" (ver figura #13) en la configuración del sistema y comenzar a definirlo todo: provincias, regiones, moneda, impuestos, cargas sociales etc.

Figura #13.

Los parámetros vienen predefinidos para muchos países de Europa, Sur América y México, sin embargo, no vienen detallados para Costa Rica. Los "Diccionarios" (ver figura #13) están compuestos de Tablas en las cuales son perfectamente modificables y se pueden alimentar con los parámetros que se requieren, hay que ingresar tabla a tabla e ir definiéndolos uno a uno, por ejemplo en la tabla de Regiones se definen las siete provincias para nuestro país y luego hay que pasar a la tabla "departamentos" para definir cada uno de los ochenta y un cantones. Lo mismo ocurre con los impuestos; se debe definir la tasa del 13% en forma manual, un caso curioso es que no se puede indicar que un artículo o servicio es "exento", sino que se debe definir una segunda tasa impositiva para Costa Rica del 0% y es esta la que se utiliza en si el producto o servicio es exento.

La mejora que se propone en este caso es crear una instalación con una configuración regionalizada, o predefinida para el país, esto es posible, los parámetros que vienen ya definidos para los demás países así lo prueban.

Hemos considerado que el proceso de configuración puede ser agilizado y facilitado para usuarios que tal vez no cuentan con conocimiento a fondo sobre sistemas y/o computación o los que no cuenten con el tiempo requerido para hacer todas las configuraciones necesarias para la implementación.

Se le podría hacer una modificación al instalador con alguna de las siguientes dos opciones:

1. Definir todos los parámetros para Costa Rica y dejarlos pre-configurados para que al instalar el programa queden de una vez listos, además de eliminar todos los parámetros que vienen definidos para el resto de las regiones y países, sin embargo, esta solución aplicaría solamente para una instalación local, lo que a nuestro criterio podría funcionar muy bien si se tratara por ejemplo, alguien que quisiera distribuir y trabajar con el programa a nivel de país.

2. Pensando un poco más a gran escala, la otra solución que se plantea es crear una opción en la instalación dónde los usuarios puedan elegir el país y con esto el instalador se encargue de dejar configurados los parámetros de acuerdo a la elección del usuario, esta mejora contribuiría globalmente al sistema.

6.2. Paquetes de instalación ajustables al perfil de la empresa:

A la hora de la instalación, solo instalamos todos los complementos por defecto que vienen en el paquete. Y cuando ya tenemos el programa instalado, se inicia el tedioso proceso de revisión de manuales, recomendaciones y guías para aprender más sobre el funcionamiento de los módulos. Debemos tomar en cuenta muchos aspectos a la hora de realizar la configuración y personalización del sistema, tales como:

- ✓ El tipo de nuestra empresa.
- ✓ Entradas y salidas.
- ✓ Tipos de servicios y productos.
- ✓ Procesos a los cuales queremos facilitar mediante el uso del sistema.

Esto toma mucho tiempo y puede retrasar la implementación del sistema, ya que una vez elegidos los módulos debemos evaluar su funcionamiento y su utilidad para nuestra empresa, si el módulo en revisión no funciona, debemos hacer lo mismo con los demás, hasta que tengamos todos los módulos que nos son de utilidad activados y configurados de acuerdo a nuestras preferencias.

Todo este proceso, que sin duda a la hora de hacer uso del sistema, trae grandes beneficios a las empresas, tal y como lo dicen la gran cantidad de usuarios que lo utilizan y han visto sus beneficios.

Pero hemos considerado que este proceso podría ser agilizado y facilitado para usuarios que tal vez no cuentan con conocimiento sobre algunos módulos o los que no cuenten con el tiempo requerido para hacer todas las consideraciones necesarias para la implementación.

La solución que se plantea para ello es la siguiente: Todos los módulos del sistema funcionan igual en cualquier empresa, pero esto no significa que las empresas sean iguales, todas tienen procesos y necesidades diferentes. Por esta razón proponemos la implementación de paquetes personalizados de instalación, los cuales se presenten durante la instalación del sistema. Con esto nos referimos a opciones de instalación avanzadas, donde se presentan diferentes perfiles de empresas y de este modo el usuario pueda elegir el más óptimo para su empresa.

La función de estos paquetes de instalación es de activar por defecto los módulos más importantes y que trae más beneficio a la empresa de acuerdo a su perfil.

Como algo adicional, durante la misma instalación, el asistente de instalación podría hacer una recomendación de módulos en la red que podrían ser de utilidad para el usuario, estos con su descripción y razones por las cuales se recomienda, si el usuario acepta, el asistente procederá a descargar y actualizar el sistema con los nuevos módulos.

El fin de esta recomendación de instalación es como lo indica el problema, agilizar el proceso de familiarización e implementación del sistema.

6.3. Opción de nombre del cliente y facturación de servicios en TPV:

Dolibarr trae integrado un sencillo módulo para terminal de punto de venta (TPV) con el TPV se pueden realizar "ventas de mostrador" de una forma mucho más cómoda que con el proceso de creación de facturas (ver figuras #8 y #9).

Para ingresar al TPV (ver figura #14), como es de esperarse, se requiere un usuario y una contraseña, previamente definidos por el administrador del sistema, además, es obligatorio seleccionar el cliente por defecto que se va a utilizar y el almacén desde el que se descontarán los productos, también se debe seleccionar una cuenta de las siguientes tres según sea el caso: la cuenta a utilizar para los cobros en efectivo, la cuenta para los cobros con cheques y la cuenta para los cobros con tarjeta de crédito (al menos una debe seleccionarse o pueden seleccionarse las tres).

Figura #14.

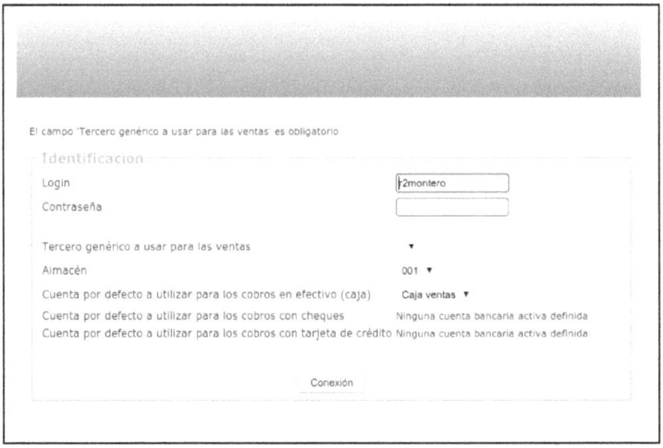

El problema surge debido a que el sistema no permite ingresar al TPV a menos que se seleccione un "cliente genérico" esto de entrada está limitando a que se trabaje la facturación total sobre un solo cliente, lo que por decir poco va en contra de todas las normas y buenas prácticas contables. Si un cliente nos pidiera una factura con su nombre sería necesario ir al Módulo Terceros y realizar el ingreso total del cliente al sistema, completando todos los campos, aunque fuera un cliente de paso y nunca más fuese a realizar una compra, lo que demoraría bastante y afectaría en caso de tener mucha afluencia de personas en el negocio.

La otra deficiencia que surge es que en el módulo de TPV solamente se pueden facturar productos y no permite la facturación de servicios. En la figura #15 se pueden ver los servicios que están registrados en el sistema y en la figura #16 se muestra las opciones de selección dónde aparecen solamente los productos, tampoco es posible acceder a los servicios desde el TPV llamándolos por nombre o por código.

Figura #15.

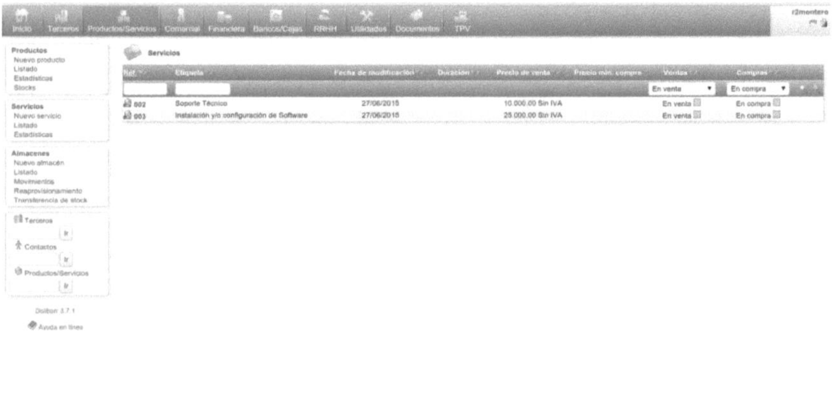

Figura #16.

Existe un módulo llamado DoliPOS (ver figura #17) desarrollado por la empresa española 2byte, sin embargo desconocemos las características de dicho módulo, ya que al momento de la entrega del trabajo no había sido posible ingresar al demo en línea, además el módulo es de pago.

Figura #17.

Módulo DoliPos - Punto de Venta profesional

Lo que se propone es corregir y/o rediseñar el Módulo TPV que viene integrado de forma gratuita en el sistema. La solución pensada es relativamente sencilla, se deben habilitar campos o una pestaña para ingreso rápido de los datos básicos del cliente (nombre, apellidos, identificación, teléfono y/o correo electrónico) y que de ahí se cargue a la base de datos, dónde sea posible recuperarlo en caso de que se requiera ampliar sus datos si llegase a convertirse en un cliente recurrente. Esta modificación también eliminaría la obligación de definir un cliente genérico al ingresar al sistema.

Respecto al punto de la selección de servicios, podemos decir sin entrar entrar en detalles técnicos, que es necesario revisar si esto se debe a un error del sistema o es algún requerimiento que se puede modificar o corregir.

6.4. Módulo integrado con Oscommerce desactualizado:

Dolibarr plantea un módulo de Oscommerce, en el cual al tratar de utilizarlo generar un error I/O en el cual devuelve un fatal (ver figura #18) error en este indica un problema de entrada y salida lo cual es generado por el servidor de Oscommerce debido a que este módulo está obsoleto y no está disponible, algunas de las posibles razones son:

- ✓ El modulo lleva más de un año sin mantenimiento.

- ✓ El modulo no se le han hecho los cambios necesarios debido a esto no funciona en versiones recientes.

Figura #18.

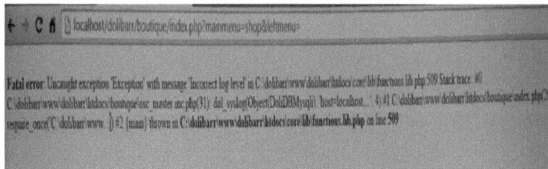

Este módulo tras no funcionar sigue apareciendo en las versiones nuevas de Dolibarr.

Como solución proponemos en si el eliminar el modulo y agregar funcionalidades que otorgaba el Oscommerce en la versión estándar de Dollibar o incorporar un nuevo módulo que sustituya las funcionalidades de Oscommerce.

6.5. Módulo de Recursos Humanos – Nómina Incompleto

Uno de los puntos que los usuarios de Dolibarr necesitan y solicitan a la comunidad que trabaja en el proyecto es un módulo de nóminas bien desarrollado, el cual no viene implementado en el sistema, para que así se encargue de la parte financiera como salarios, bonificaciones, y otros pagos al personal.

Esto genera un problema ya que se debe implementar un sistema aparte que se encargue de este funcionamiento en las empresas que usan Dolibarr, o llevarlo manual en una hoja de cálculo por ejemplo, lo cual puede generar problemas en el manejo de información. Hay algunas de las funcionalidades que se pueden realizar como los pagos mensuales a trabajadores, que se pueden hacer desde el módulo financiero, sin embargo, en el módulo de RRHH la única funcionalidad que existe es llevar el saldo de los días libres de los empleados o que estos realicen peticiones de días libres o vacaciones (ver figura #11).

Se plantean 2 posibles soluciones para este problema:

1. Una solución es construir un nuevo módulo en el cual se encargue de los procesos financieros de los empleados e implementarlo en el sistema o añadir esta funcionalidad a la versión estándar de este.

Esto ayudaría en el uso de datos de los usuarios internos de este además de que facilitaría el proceso de cobros, reducciones, etc. Además de que reduciría el uso de datos que se tendría al manejar la gestión de nóminas por fuera del sistema, y los costos se verían reducidos.

2. La otra solución que se propone es mover la parte que ya hay de pago de salarios en el Módulo Financiero y realizar una integración adecuada en el Módulo de RRHH, junto con el manejo de cargas sociales, pólizas de riesgo laboral, bonificaciones, salarios y otras que sean requeridas. Se plantea la dificultad de que el área de RRHH maneje asuntos de pagos, en este caso lo que se haría es crear un parámetro que libere la opción de realizar el pago una vez que el área financiera lo haya autorizado. También podría realizarse de manera que RRHH generase un reporte u orden de pago, para que Financiero la revisara y realizara el pago respectivo, de hecho esta sería eventualmente la mejor solución.

7. Conclusiones:

7.1. Ventajas del proyecto:

Mediante esta investigación nos vimos expuestos parcialmente a un sistema de información que cuenta con muchas de las características estudiadas en el curso.

El sistema Dolibarr es utilizado diariamente por múltiples organizaciones formales, por lo que hemos podido experimentar con una herramienta que forma parte de las actividades cotidianas de la empresa y sirve como facilitador de los procesos integrales. Esto nos ayuda a tener una mejor idea de las tareas y necesidades de una empresa real y no anónima o ficticia como en algunos de los ejemplos estudiados.

7.2. Metodología empleada:

Por medio de la descarga y posterior instalación y configuración de Dolibarr, podemos decir que es una aplicación que cuenta con los componentes necesarios para que los usuarios realicen todos los procesos que promete la aplicación, de forma fácil, eficiente e intuitiva. Aun sin contar con la experiencia real de utilización, basamos esta conclusión en la gran cantidad de comentarios y temas que se pueden encontrar en los foros y espacios de discusión en la página web de Dolibarr. Podemos afirmar también que el programa cuenta tras de sí con una comunidad internacional desarrolladora que siempre está dispuesta a colaborar con las dudas, tanto de los usuarios finales, como de los informáticos que se han ido encargando de implementar el sistema en sus respectivos países.

7.3. Detalles sobre la parte técnica de la investigación:

Luego de la evaluación técnica de la aplicación podemos definir que debido a las capacidades de adaptabilidad (modularidad, acceso remoto, compatibilidad) de Dolibarr, este se puede personalizar de acuerdo a las funciones que se requieran en los diferentes tipos de negocio. Aunque está más recomendado para empresas pequeñas.

7.4. Lo que se quiere demostrar de la investigación:

Como conclusión final resaltaremos las principales características que hacen de esta aplicación una herramienta estratégica para las empresas, concentrándonos en PYMES, ya que las empresas mayores necesitan procesos complementarios que Dolibarr no posee.

1. La sencillez de instalación y uso permiten la rápida implementación y aprendizaje para que las empresas puedan empezar a utilizar el programa lo más pronto posible. Además se adapta fácilmente al cliente, aun si algunas de sus funcionalidades carecen de características deseadas. Los desarrolladores escuchan a los usuarios por lo que el sistema cuenta con nuevas actualizaciones que pretenden cubrir estos errores y deficiencias.

2. Al ser basado en web, podemos acceder a nuestros datos desde cualquier lugar o cualquiera de nuestros dispositivos que lo soporten, siempre y cuando tengamos acceso a internet.

3. Al ser código libre, posee una ventaja frente a los sistemas de la competencia que cuenten con código cerrado, esto porque si la empresa cuenta con conocimientos en programación, se puede mejorar la personalización y adaptabilidad a los objetivos propios.

4. Todo esto incluido a su independencia y su modalidad gratuita, hacen de Dolibarr una potente herramienta que ofrece tanto beneficios administrativos como también ventajas competitivas y que dependiendo de nuestras necesidades, podemos seguir potenciando y mejorando la aplicación.

5. Si bien es cierto Dolibarr cuenta con bastantes carencias y módulos que podrían describirse como incompletos o poco desarrollados, no cabe duda que el sistema está en constante crecimiento y mejora, además de que la opinión de los usuarios es escuchada atentamente y las sugerencias se ponen en práctica. No cabe duda de que si se continúa por esa senda el sistema Dolibarr tiene aún mucho potencial por explotarse.

8. Bibliografía

- Blando Coll, M. (2012). Mejora e innovación de procesos: implantación de un nuevo sistema de información en una pyme. Retrieved from http://upcommons.upc.edu/pfc/handle/2099.1/15193

- Dolibarr - Demo de Dolibarr ERP/CRM. (n.d.). Retrieved June 30, 2015, from http://demo.dolibarr.org/public/demo/index.php

- Blog de Javier Rodríguez. (n.d.). Configuración básica para comenzar con ERP Dolibarr. Retrieved from https://javierrguez.wordpress.com/2014/05/02/configuracion-basica-para-comenzar-con-erp-dolibarr/

- Marcet Mengual, F. (2013). ERP/CRM Dolibarr como solución para un pequeño comercio con venta online y en tienda física. Retrieved from https://riunet.upv.es/handle/10251/32559

- OpenPYME: OpenPYME. (n.d.). Retrieved June 30, 2015, from http://openpyme.osl.ull.es/ERP/applications/Dolibarr

- Dolibarr Wiki. (n.d.). Lo que no hace Dolibarr - Dolibarr Wiki. Retrieved June 30, 2015, from http://wiki.dolibarr.org/index.php/Lo_que_no_hace_Dolibarr

- Videositpuntocom. (2013). *Demo de Dolibarr, ERP Open Source para la PYME*. Retrieved from https://youtu.be/PiEP-94ZPdk